Traumwelt

Dieses Buch widme ich meiner
Mama,
in Liebe und in Dankbarkeit.

Ingrid Hartung

Traumwelt

von den Tagträumen
bis zum Todesreigen
Gedichte Ü 50

Bibliografische Information der Deutschen Nationalbibliothek:
Die Deutsche Nationalbibliothek verzeichnet diese Publikation in der Deutschen Nationalbibliografie; detaillierte bibliografische Daten sind im Internet über http://dnb.dnb.de abrufbar.

Herstellung und Verlag: BoD – Books on Demand, Norderstedt

ISBN: 978-3-**7392-4640-6**

Inhalt

TAGTRÄUME

RAUM UND ZEIT

Inhalt

AUGENBLICKE DES GLÜCKS

UMBRUCH DER JAHRESZEITEN

Inhalt

MENSCHEN

WELTGESCHEHEN

Inhalt

EDELWEIß UND HERZMUSCHEL

LIEBE

Inhalt

TODESREIGEN

Tagträume

Tagträume

Ich weiß nicht ein, ich weiß
nicht aus.
Ich fühl mich nirgendwo zu
Haus.
Ich bin ständig auf der Reise.
Ich fahr auf eingefahrenem Glei-
se.

Ich weiß nicht, was ich will.
Ich komme nie ans Ziel.
Ich möchte immer träumen.
Ich würde nichts versäumen.

Ich weiß, das Glück ist fern.
Ich fänd es trotzdem gern.
Ich lebe jeden Tag
und weiß, dass ich ihn mag.

Früh am Morgen

Ein Blick in den Spiegel.
Ich erkenne mich nicht wieder.
Ich geb dir Brief und Siegel,
mir schmerzen alle Glieder.

Was ist denn nur geschehen
in dieser letzten Nacht.
Ich kann es nicht verstehen,
bin viel zu früh erwacht.

Ich sitze vor meiner Kaffeetasse,
die Kanne ist fast leer.
Und wenn ich es auch hasse,
es schmeckt trotzdem nach mehr.

Ich hab es aufgegeben,
mehr zu scheinen als ich bin.
Ich möchte trotzdem leben,
das nur allein macht Sinn.

Und am Ende meiner Tage
find ich vielleicht mein Glück.
Und es bleibt nur die Frage:
Führt auch ein Weg zurück?
Zu meinem eignen Ich,
denn das vermiss ich sicherlich…

Das erste Mal

Den ersten Blick ins Licht,
den registrierst du nicht.
Die Wolken sind zu dicht,
und auch ein Lichtstrahl bricht.

Der erste Schritt ins Leben,
der wird dir Hoffnung geben.
Die Erde, sie wird beben.
Nicht jeder Weg ist eben.

Der erste Kuss, den vergisst du nie,
denn er bringt weiche Knie,
ist voller Poesie
und macht dich zum Genie.

Die erste Liebe,
wenn sie nur ewig bliebe.
Doch sie weckt nichts als Triebe
und verteilt auch Hiebe.

Der erste Job
ist oft ein Flop.
Du sagst bald stop,
denn du bist Top.

Die erste Niederlage
ist eine große Plage.
Doch es kommen Tage,
wo ich´s aufs Neue wage.

Das erste Blackout,
zum ersten Mal getraut.
Du hast es bald verdaut,
weil man nach vorne schaut.

Das erste Mal ein Held,
verbunden mit der Welt,
und wenn es dir gefällt,
werden die Weichen neu gestellt.

Das erste Mal allein,
das kann so schlimm nicht sein,
denkst du dir dann zum Schein.
Die Wünsche werden klein.

Das erste Mal in Atemnot,
die Ampel, die zeigt rot.
Er einmal jedem droht,
der schleierhafte Tod.

Das erste Mal vorbei,
nun ist es einerlei,
nun bist du wieder frei.

Das erste Mal ist
immer eine Qual.
Doch du hast die Wahl,
probier es noch einmal.

Meine Alpträume

Heute Nacht habe ich geträumt,
es hätte geschneit.
Nicht, weil ich mich auf den Schnee
freue.
Mein Auto hat noch keine Winter-
reifen.

Gestern habe ich geträumt,
der November wäre golden.
Es war kein Traum.
Doch ich weiß, er wird sein Gesicht
verändern.

Vorgestern träumte ich,
die Welt wäre irgendwann in Ord-
nung gewesen.
Sie war es nie mehr oder weniger.

Im Meer der Alpträume fand ich
keinen Schlaf.
Und doch bin ich erwacht.
Hoffend…

Irgend…

Irgendwann ist sie vorbei, die Zeit,
verschwunden in der Ewigkeit.
Irgendwo geht er unter, dieser Ort,
und dann ist er für immer fort.

Irgendwie liebst du sie,
doch du schaffst es nie,
ihr gerecht zu werden.
So ist es halt auf Erden.

Irgendwann kommt irgendwer
von irgendwo irgendwie daher
und sagt dir, was das Beste wär.
Doch du glaubst es ihm nicht mehr,
denn es ist viel zu lange her.

Und irgendwas
macht immer Spaß.
Und irgendwelche Leute,
die gibt es hier und heute.

Und irgendjemand ist für dich be-
stimmt,
das Schicksal seinen Lauf dann
nimmt.
Irgendwohin treibt es dich,
und das gefällt dir sicherlich.

Irgendwas passt immer,
das ist ein Hoffnungsschimmer.

Blue Monday

Kaum geschlafen in der Nacht,
und dann sehr früh aufgewacht.
Das Weckerklingeln weggedrückt,
denn das macht mich nur verrückt.

Aufgestanden mit dem falschen
Fuß.
Die Dusche ist ein kalter Fluss.
Das Brotfach fühlt sich an wie leer.
Und Kaffee gibt es keinen mehr.

Die Jacke hängt noch auf der Wä-
scheleine,
und Schuhe finde ich auch keine.
In meiner Geldbörse sind 35 Cent,
den Bus, den hab ich auch verpennt.

Mein Auto springt grade nicht an,
dann fahre ich halt mit der Bahn.
Doch die hat einen Stromausfall.
Ich höre einen lauten Knall.

Der Wecker klingelt, und jetzt fällt´s
mir wieder ein.
Heut kann doch nur ein Montag
sein.
Ich hab nur einen Augenblick ge-
träumt,
ich hab den Startschuss nicht ver-
säumt.
Vorbei ist all die Qual.
Ich schaffe es auf jeden Fall.
Pünktlich treffe ich auf Arbeit ein.
Mein Chef, er kann zufrieden sein.

Coming home

Die Straßen sind vom Regen nass.
Der Scheibenwischer bewegt sich
ohne Unterlass.
Das Autofahren, es macht keinen
Spaß.

Draußen weht ein kalter Wind.
Nur wenig Menschen auf der Straße
sind.
Ich möchte heim, und das ge-
schwind.

Und endlich bin ich dann zu Hause
und gönne mir die wohlverdiente
Pause.
Ich nehm ein Buch, fang an zu le-
sen.
Als wär ich niemals weg gewesen.

Leben

Ich wär so gerne glücklich,
doch augenblicklich
spüre ich nur Kampf und Stress,
am End das Leben ich vergess.

Leben, um zu arbeiten, arbeiten, um
zu leben.
Danach sollte man wohl streben.
Doch manchmal fällt es schwer.
Wie schön `s vielleicht im Himmel
wär.

Ich weiß es nicht, ich will`s nicht
wissen.
Ich möchte das Leben nicht vermis-
sen.
Es kann so schön doch sein,
und mancher Wille wird ganz klein,
gegen den, gesund zu sein.

Erfahrung

Das Glück, das hab ich nicht ge-
pachtet,
habe auch nicht drauf geachtet,
die Schönste auf der Welt zu sein.
Mein Anspruch, er war eher klein.

Ich wollte niemals hören, dass Geld
regiert die ganze Welt.
Und doch hab ich in harten Jahren
genau das selbst an mir erfahren.

Doch, ich bin nicht daran gestor-
ben,
hab neuen Lebenssinn erworben.
Ich möchte gerne schreiben
und in Eurem Herzen bleiben.

Und hoffen auf ein neues Glück,
Vergangenheit, sie bleibt zurück…

Raum und Zeit

Gedanken an die Zeit

Ich weiß, dass nichts, wie es ist, so
bleibt
und dass das Leben die besten Ge-
schichten schreibt.
Auch wenn jeden Morgen ein neuer
Tag beginnt,
die Zeit auf leise Weise doch viel zu
schnell verrinnt.

Nach quälendem Erwachen, da gibt
es viele Sorgen,
die warten nicht bis morgen.
Ein bisschen Glück und Freude,
das hätten wir gern heute.

Der Tag nimmt seinen Lauf.
Wir nehmen es in Kauf.
Am Abend fragen wir uns oft.
Hat er gebracht, was wir erhofft?

Das Leben, es geht weiter,
mal traurig und mal heiter.
Wir stehen mittendrin,
und das allein macht Sinn.

Im Laufe unsres Lebens,
da warten wir vergebens,
getrieben von der Zeit,
die uns doch auch befreit.

Die Zeit, sie bringt uns fort
an einen andren Ort.
Die Zeit eröffnet Räume,
erfüllt auch manchmal Träume.

Bald wird es wieder leichter sein.
Der Frühling schickt den ersten
Sonnenschein.
Am Abend ist es länger hell.
Doch die Zeit vergeht zu schnell…

Vision

Vergiss die Zeit, vergiss den
Raum.
Vielleicht war alles nur ein Traum.

Der Weg in die Unendlichkeit,
er ist so furchtbar weit.
Ich habe keine Zeit.

Ich muss erfüllen meine Pflicht.
Ein Schatten fällt auf mein Gesicht.
Doch ich sehe hier kein Licht.

Hinter mir liegt die Vergangenheit.
Doch zum Vergessen bin ich nicht
bereit.
Die Gegenwart
ist bald zu Stein erstarrt.

Nur die Zukunft kann mir Hoff-
nung geben
in diesem, ach so tristen Leben.
Ich glaub auch dran,
sobald ich kann...

Manchmal

Manchmal bin ich der glücklichste
Mensch der Welt.
Manchmal mir das Leben nicht ge-
fällt.
Manchmal bin ich bereit zu hoffen.
Manchmal fühle ich mich vom Blitz
getroffen.

Manchmal ist es mir zu laut.
Manchmal hab ich mich getraut.
Manchmal stehn die Uhren still.
Manchmal will ich viel zu viel.

Manchmal hab ich eine Krise.
Manchmal bin ich auch ein Riese.
Manchmal bin ich ganz allein.
Manchmal will ich bei dir sein.

Manchmal ist alles mir egal.
Manchmal ist das Leben eine Qual.
Manchmal ist es auch ganz toll.
Manchmal ist das Glas noch voll.

Manchmal bin ich richtig fertig.
Manchmal bin ich gegenwärtig.
Manchmal warte ich zu lange.
Manchmal wird mir auch ganz ban-
ge.

Manchmal bin ich ganz am Ende.
Manchmal zittern mir die Hände.
Manchmal bin ich super drauf.
Manchmal gebe ich mich auf.

Manchmal fühle ich mich klein.
Manchmal möchte ich größer sein.
Manchmal träum ich vor mich hin.
Manchmal weiß ich gar nicht, wer
ich bin.

Manchmal möchte ich die Welt um-
armen.
Manchmal kenn ich kein Erbarmen.
Manchmal weine ich ganz leise.
Manchmal bin ich auf der Reise.

Manchmal möchte ich noch warten.
Manchmal hab ich schlechte Karten.

Manchmal bin ich ein Idiot.
Manchmal wär ich lieber tot.

Manchmal verliere ich den Mut.
Manchmal geht's mir richtig gut.
Manchmal habe ich verloren.
Manchmal bin ich neu geboren.

Manchmal glaub ich, ich bin alt.
Manchmal ist mir auch ganz kalt.
Manchmal denk ich, ich bin jung.
Manchmal hab ich richtig Schwung.

Manchmal mach ich keine Pause.
Manchmal will ich nur nach Hause.
Manchmal zähle ich die Sterne.
Manchmal schau ich in die Ferne.

Manchmal bin ich aufgewacht.
Manchmal hab ich auch gelacht.
Manchmal flossen tausend Tränen.
Manchmal musste ich mich schä-
men.

Manchmal bin ich dir ganz nah.
Manchmal ich den Wahnsinn sah.

Manchmal lese ich sehr gern.
Manchmal seh ich lieber fern.

Manchmal bin ich wie ich bin.
Manchmal nehme ich es hin.
Manchmal bin ich wieder ich.
Manchmal warte ich auf dich.

Manchmal find ich's schön zu leben,
aber auch nur manchmal eben…

Zeitmomente

Gefangen in dem Augenblick
und kein Weg führt mehr zurück.
Dir stehen alle Türen offen
und du beginnst, wieder zu hoffen.

Abgestreift ist die Vergangenheit
und du hast für die Zukunft Zeit.
Denn in der Gegenwart
hast lang genug du ausgeharrt.

Die Sonne scheint,
ein neues Leben nun beginnt,
eins deiner Augen weint.
Die Zeit zu schnell verrinnt.

Und plötzlich wird dir klar,
dass alles wichtig war.
Du glaubst an den Moment,
wo das Feuer ewig brennt.

Und irgendwann versinkt die Zeit,
ganz unbesehen,
wohl in der Ewigkeit
und auch du musst gehen.

Unendlichkeit

Täglich geht die Sonne auf,
und täglich geht sie unter.
Wir sind mal gut und mal schlecht
drauf.
Und warten auf ein Wunder.

Der Tag vergeht, die Nacht bricht
ein.
Wir haben tausend Freunde und
sind doch ganz allein.
Die Zeit, sie vergeht viel zu schnell.
Doch wenigstens ist es abends bald
wieder länger hell.

Den Sinn unseres Lebens,
den suchen wir vergebens.
Doch manchmal finden wir ein
Stück
vom großen Glück.

Manchmal glauben wir, es ist vorbei.
Manchmal fühlen wir uns frei.
Der Schnee ganz leis vom Himmel
fällt,

und weiß von Unschuld ist die Welt.
Das Leben, es geht weiter,
mal traurig und mal heiter.
Und wenn wir weiter leben,
dann wird es Hoffnung geben.

Die Zeit so schnell vergeht,
und manchmal ist's zu spät.

Die Ewigkeit
ist viel zu weit
und wir verlieren uns in der Unend-
lichkeit.

Intermezzo

Heut wünsche ich mich weg von
hier.
Und trotzdem wär ich gern bei dir.
Die Nacht ist da, es dunkelt.
Und es wird viel gemunkelt.

Manchmal will ich hier nicht sein.
Doch die Welt, sie ist so klein.

Ich kann mich nicht verstecken.
Alle werden mich sehn.
Ich will niemanden wecken.
Und keiner kann `s verstehn.

Stadtleben

Die Stadt erwacht
nach einer langen, dunklen Nacht.
Sie hat alles gegeben,
in ihr war pures Leben.

Und plötzlich herrscht hier Stille.
Es ist wohl auch ihr Wille.
Die Stadt hat über Nacht
das Leben bunt gemacht.

Doch am frühen Morgen
erwachen all die Sorgen.
Dahin ist aller Schimmer
und Trübsal bleibt für immer.

Ein Bettler hält den Hut in seiner
Hand,
worin er einen Euro fand …

Heute

Und immer, wenn ein Stern leuch-
tet am Horizont.
Dann bin ich hier so wie gewohnt.
Ich bin für alle da.
So seltsam nah.
So seltsam fern
leuchtet mein Stern.

Ich weiß nicht, was einst werden
wird.
Vielleicht hab ich mich auch total
geirrt.
Dunkle Schatten ziehen durch mei-
ne Seele,
und ich weiß, dass ich dir fehle.
Doch ich bin immer da.
Ich bin dir nah.

Zeitlos

Die Nacht versinkt im Abendgrau,
der Morgen weiß noch nicht genau,
wann die Sonne wieder scheint.
Sie hat den ganzen Tag geweint.

Sie hat ihren besten Freund verlo-
ren,
und sie hatte sich geschworen:
Sie will niemals einsam sein.
Und nun ist sie doch allein.

Die Tränen kullern über ihr Gesicht.
Doch der Mond, der sieht es nicht.
Er strahlt sein Licht in diese dunkle
Nacht
bis der neue Tag erwacht.

Das Leben, es geht weiter,
mal traurig und mal heiter
auf der Himmelsleiter.

Ein neuer Tag beginnt,
die Zeit zu schnell verrinnt.

Aus der Traum

Vergiss die Zeit,
vergiss den Raum,
vielleicht war alles nur ein Traum.

Herbeigeholt aus Kindertagen,
wir haben uns nichts mehr zu sagen.
Du warst mein Vorbild, warst mein
Stern.
Ich hatte dich schon immer gern.

Doch heute weiß ich nicht, was ich
sagen soll.
Ich find dich nicht mehr ganz so
toll.
Du hast dich zu sehr angepasst
an Dinge, die früher du gehasst.

Die wilden Jahre sind vorbei.
Ich gebe dich für immer frei…

Zeit?

Und wenn der Tod mich dann
umarmt,
weiß ich, ich hab genug gebarmt.
Und aus dem Licht wird Dunkel-
heit,
dann ist vorbei die Lebenszeit.

Ich kann dem Tod ins Auge sehn,
doch so bald werd ich nicht gehn.
Ich möchte noch ein wenig bleiben.
Ich will ihm meine Meinung schrei-
ben.

Und wenn er dann nicht hat genug,
dann ist es glatter Selbstbetrug.
Nein, ich möchte noch nicht gehen.
Ich hab die Welt noch nicht gese-
hen.

Nicht diesen und nicht jenen Ort.
Und doch, es treibt mich langsam
fort.
In die Unendlichkeit,
fernab und meilenweit.
Was wir nicht haben,
das ist Zeit…

Augenblicke des Glücks

Abgehoben

Komm her zu mir und sei ganz
leise,
nimm mich mit auf deine Reise.
Denn ich möchte hier nicht bleiben,
will anderswo die Zeit vertreiben.

Ich möchte sehn die ganze Welt
und bleiben, wo es mir gefällt.
Und find ich nirgendwo mein
Glück,
dann kehre ich nach Haus zurück.

Und wenn ich dort nicht glücklich
bin,
dann hat mein Leben keinen Sinn.

Berührungen

Berührungen entstehen ganz leise
auf wundersame Weise.

Sie sind wie lächelnde Gesichter
inmitten der Großstadtlichter.
Sie sind der Tropfen auf den heißen
Stein.
Sie lassen dich wissen, du bist nicht
allein.
Sie sind deines Lebens Ziel,
denn du vermisst soviel.

Berührungen verzaubern dein Herz.
Vergessen ist der große Schmerz.
Sie sind ein Kleinod in deinem Le-
ben.
Sie können dir viel Sonne geben.
Sie sind der Funke, der übersprüht.
Sie erhitzen dein Gemüt.

Berührungen, die wir spüren,
die können uns verführen…

Frag nicht

Frag nicht warum,
frag nicht wieso.
Ich war seit langem nicht so froh.

Frag nicht nach Ort und Zeit,
frag nicht wie weit.
Ich bin für alles heut bereit.

Frag nicht, wohin wir gehen.
Frag nicht, du kannst es nicht ver-
stehen.
Bleib einfach hier in diesem Raum
und erfüll mir meinen Traum.

Daheim

Ein Traum, er hat sich fast erfüllt.
Ein Schauder hat mich eingehüllt.
Ein Licht in ferner Nacht ganz weit.
Erschienen in der Dunkelheit.

Ein liebes Lächeln in der Nacht.
Ein Blick ins angetaute Fenster,
und ich glaub, ich seh Gespenster.

Ich gebe dir schnell einen Kuss,
weil das Taxi weiter muss.
Und nun bin ich zu Haus,
die Welt sieht strahlend aus.
Ich bin zu Hause angekommen,
und jede Angst ist mir genommen.

Bei Nacht

Ich bin dir nah
und für dich da.
Ich liebe dich für immer
bei diesem Kerzenschimmer.

Genießen wir die Nacht.
Sie ist für uns gemacht.
Ich kann kaum noch denken.
Ich will dir alles schenken.

Alles, nur nicht mich.
Denn ich will bleiben ich.
Und wenn die Nacht vorbei.
Dann bin ich wieder frei.

Frei von allen Dingen,
die mich zu etwas zwingen.
Und dann begeb ich mich ganz leise
auf eine Reise
ins Glück.
Ich kehre nicht zurück.

Träume von gestern

Manchmal träume ich immer
noch,
in der Hoffnung, dich zu vergessen.
Aber es gelingt mir nicht.
Ich denke Tag und Nacht an dich.
Ich sehe dich vor mir
wie du mich anlächelst.
Und ich weiß, mein Traum wird
sich nie erfüllen.
Aber, er wird immer ein Traum
bleiben.
Manchmal tut es gut zu träumen.

Rückblick

Der Sommer dieses Jahr,
er war ganz einfach wunderbar.
Es passte alles, ja es war perfekt.
Das Fieber hat uns angesteckt.

Ein Wiedersehen nach drei Jahr-
zehnten,
bei dem wir uns sehr glücklich
wähnten.
Eine Lesung in vertrauter Runde
und so manche nette Plauderstunde.

Ein großes Jubiläumsfest,
dass unsre Herzen höher schlagen
lässt.
Und unser Retter
war bestes Sommerwetter.

Dann in den Bergen ein verlängertes
Wochenende,
ach, wenn es doch kein Ende fände.
Eine Radtour hier im Wald.
Bin ich wirklich 50 Jahre alt?

Doch der Alltag holt uns wieder ein.
Wie sollte es auch anders sein?
Ohne ihn wär der Rest vom Jahr
nicht mal halb so wunderbar.

Reifung

Vergessene Träume holten mich
ein.
Der Wunsch, noch einmal jung zu
sein.
Dieselben Fehler nicht wieder zu
machen
und trotzdem wieder öfter lachen.

Warten darauf, dass was passiert,
und dass man keine Zeit verliert.
Das große Glück erleben.
Vieles nehmen und auch geben.

Unbekümmert Freunde finden,
schlechte Zeiten schneller überwin-
den.
Sterben, wenn dir danach ist,
weil du eben jung noch bist.

Schlimm ist nur, wenn du vergisst,
wie das Leben wirklich ist.
Und so langsam seh ich ein,
das Alter kann die Rettung sein.

Gedanken bei Nacht

Und wenn die Nacht im Meer ver-
sinkt,
wenn am Horizont ein Lichtlein
blinkt,
dann weiß ich, du bist mir ganz nah,
egal, was irgendwann geschah.

Ich sehe tausend helle Sterne.
Ich hätte dich bei mir so gerne.
Und ich werd dich immer lieben,
ach, wärst du nur bei mir geblieben.

Doch du bist fortgegangen.
Der Himmel war wolkenverhangen.
Jetzt scheint die Sonne wieder.
Ich höre tausend Lieder,
die erzählen mir von Liebe und vom
Glück.
Und ich denke weit zurück.

Glück auf Zeit

Das Glück auf Zeit in deinem Le-
ben
wird als Chance dir gegeben.
Nicht jeder Weg ist eben.

Es gibt auch dunkle Tage,
und oft hörst du die Klage,
das Leben wäre ungerecht,
die Menschen, sie sind schlecht.

Doch plötzlich reißt der Himmel
auf.
Ein schöner Tag nimmt seinen
Lauf.
Du kannst das Glück genießen
und Freudentränen fließen.

Das Glück auf Zeit
hält viel bereit
doch niemals die Unendlichkeit.

Umbruch der Jahreszeiten

Herzenswunsch

Lang war er, dieser Winter,
von Eis und Schnee geprägt.
Ich hab in meinem Herzen
so manchen Wunsch gehegt.

Doch nun ist es mir einerlei.
Ich wünsch mir nur, er wär vorbei.
Ich will die Sonne sehn,
laue Winde sollen wehn.

Sie sind schon da, die ersten weißen
Frühlingsboten,
doch ich hab Sehnsucht nach den
gelben, blauen, roten.
So ein ganzes Blumenmeer,
ja, das wünsch ich mir so sehr.

Frühling soll es werden,
hier bei uns auf Erden.

Frühlingsboten

Mich traf der erste Sonnenstrahl,
erlöste mich von dieser Qual,
von Dunkelheit und Winterzeit.
Ein neues Leben steht bereit.
Tief in meinem Herzen
begräbt der Winter manche
Schmerzen.

Der Frühling kommt, er bringt das
Licht.
Die Wärme kitzelt mein Gesicht.
Die Wiesen sind bald wieder grün
und in den Gärten Blumen blühn.
Die Knospen sprießen an den Bäu-
men.
Ich bin erfüllt von tausend Träu-
men.

Gedanken zum Sommeranfang

Und wenn ich glaube, der Sinn
meines Lebens,
er wär total vergebens,
dann hab ich mit Bedacht,
die Rechnung ohne Wirt gemacht.

Denn jeden Morgen geht die Sonne
auf,
und der Tag nimmt seinen Lauf.
Er bringt uns Ärger, zeichnet Glück.
Und manchmal denkt man weit zu-
rück.

An die Zeit, wie es mal war
in diesem und in jenem Jahr.
Und manchmal ist Erinnerung auch
Schmerz.
Sie tut dir weh und bricht dein
Herz.

Und doch musst du nach vorne
schauen
beim nächsten Morgengrauen.
Der Tag hält viel für dich bereit.
Genieße diese schöne Zeit!

Denn alles ist einmal zu Ende.
Und morgen ist schon wieder Son-
nenwende.

Sommertraum in Bayern

Kalte Regentage im August,
Ferienkinder schieben Frust.
Keiner hat zum Rausgehn Lust.
Hätten wir das doch gewusst…

Dann hätten wir einen Flug in die
Karibik gebucht,
auch wenn die Lufthansa zu streiken
versucht.
Oder wir wären nach Finnland ge-
fahren,
wo es die größte Hitzeperiode gab
seit vielen Jahren.

Vielleicht wäre es interessant gewe-
sen, den Norden Deutschlands
kennnen zu lernen.
Doch wir wollten uns ja nicht so
weit entfernen.
Denn im Sommer ist es schön in
Bayern,
und es gibt immer was zu feiern.

Doch die Bierzelte teilweise undicht
waren,
es lauerten unendliche Gefahren.
Wir hoffen, dass zum Oktoberfest
die Sonne wieder grüßen lässt.

Und wenn wir bei 20 Grad sitzen
unterm Weihnachtsbaum,
dann erfüllt sich unser Sommer-
traum.

Summer of 2015

Ich erinnere mich an den Jahrhun-
dertsommer 2003.
Doch der ist längst vorbei.
Ich dachte nicht,
dass das mein Sommer wird,
doch ich habe mich geirrt.
Die Hitze habe ich sehr gut vertra-
gen
in jenen Sommertagen.
Ich war glücklich, ich war frei,
und bald ist es vorbei.

Naturgewalt

Ich hab geglaubt, der Sommer ist
gegangen,
doch er hat uns wieder eingefangen.
Die Sonne strahlt, wir sitzen auf
einer Bank und lesen,
als wär es noch nicht Herbst gewe-
sen.

Dieses Wetter, es ist unfassbar,
so geht es schon das ganze Jahr.
Das Wetter hat uns extrem mitge-
spielt,
und dabei haben wir gefühlt.

Sie hat uns fest im Griff, diese Na-
tur.
Sie wirft uns häufig aus der Spur.
Wir kommen nicht gegen sie an,
weil sie uns vernichten kann.

Wir treiben mit ihr böse Spiele,
und das verletzt ihre Gefühle.
Wir Menschen sollten sie verehren.
Sie wird uns allemal bekehren.

Das Ende dieses Sommers

Der Sommer hat sich ausgepo-
wert.
Er hat wohl auch recht lang gedau-
ert.
Der Herbst mit Macht nun Einzug
hält.
Kühl und nass ist unsre Welt.

Unvorstellbar, noch vor vierzehn
Tagen
konnten wir über die Hitze klagen.
Doch dann, ganz rasch, fiel die
Temperatur.
Und nun tickt des Herbstes Uhr.

Der Regen fiel, der Scheibenwischer
war ein Dauerbrenner.
Und ich bring es auf einen Nenner.
Die Hitze, sie ist wohl vorbei,
hat der Altweibersommer noch ein
paar Wünsche frei?

Das wäre mir sehr recht.
Ein bisschen Sonne wär nicht
schlecht.
Golden sollte er sich zeigen.
Der Herbst, dann brech ich auch
mein Schweigen.

Und wenn im Wald
mein Ruf verhallt,
dann wird es wirklich richtig kalt.

Doch bis dahin ist es noch ein
Stück.
Ich wünsch den Sommer mir zu-
rück.
Der so einzigartig war
in diesem Jahr…

Abschied vom Sommer

Mit dem ersten Eiskratzen von
der Autoscheibe
ist dieser traumhafte Sommer un-
wiederbringlich zu Ende.

Es ist nicht die Angst vor dem Win-
ter,
die den Herbst unerträglich macht.

Es sind die grauen Novembertage
mit ihren traurigen Erinnerungen,
die mich bald einholen werden, und
die, alle Jahre wieder,
immer noch schmerzen.

Malerisch sehen sie aus, die bunten
Wälder.
Doch die Blätter fallen bald von den
Bäumen.

Ich liebe den immergrünen Nadel-
wald,
denn die Hoffnung stirbt zuletzt.

Gewitterstimmung

Nur gut, es gab noch ein Gewitter.
Die Luft ist kühl, der Rauch
schmeckt bitter.
Doch ich fühle mich befreit
inmitten meiner Einsamkeit.

Ich atme wieder frei,
die Spannung ist vorbei.
Mein Kopf schlägt Purzelbäume.
Ich glaube wohl, ich träume.

Nein, es ist wirklich wahr,
der Sternenhimmel, er ist klar.
Und erst am frühen Morgen
erwachen all die Sorgen.

Jahreszeitenwechsel

Heute Abend hat`s geschneit.
Und nun naht die Weihnachtszeit.
Vorgestern ist noch Sommer gewe-
sen.
18 Grad haben wir auf dem Ther-
mometer abgelesen.

Der Herbst fiel auf einen Freitag in
diesem Jahr,
der total verregnet war.
Tief verschneit ist bald der Wald,
oder kommt der Frühling bald?

Nähe

Du warst mein bester Freund.
So hab ich es gesehen.
Die Sonne hat deine Haut gebräunt.
Im Herbst ließ ich dich gehen.

Der Winter war sehr kalt und hart.
Ich fror bei Schnee und Eis.
Und wusste, dass ein Paar ihr wart,
bezahlte meinen Preis.

Und wenn der Frühling Einzug hält.
Grün und bunt wird unsre Welt.
Und bald ist auch der Sommer da,
und du, du bist mir wieder nah.

Ein Jahr geht zu Ende

Ein weiteres Jahr.
Ein Jahr, das wichtig war.
Es hat uns wieder gezeigt,
dass alles sich dem Ende neigt.

Ein Jahr, das uns bewiesen hat,
es geht nicht immer alles glatt.
Ein Jahr, das wirklich Hoffnung
barg.
War die Enttäuschung gar zu arg?

Ein Jahr, das vielen alles nahm,
weil nach dem langen Winter der
Dauerregen kam.
Ein Jahr, das einen tollen Sommer
entfaltet hat.
Im Herbst, da fiel dann Blatt für
Blatt.
Der Winter findet später statt.

Ein Jahr, es geht zu Ende.
Wir reichen uns die Hände.
Das Jahr, es hat uns viel gegeben,
aber auch viel genommen.
Ein neues Jahr wird kommen…

Winter ade

Trüb sind sie gewesen,
die letzten Tage.
Ich bin nicht genesen
und habe manche Frage.

Wann kommt die Sonne wieder?
Wann wärmt sie unsre Glieder?
Ist der Frühling nah?
Wann ist er endlich da?

Ich kann ihn kaum erwarten.
Wann taut der Schnee im Garten?
Ich hab den Winter gern gesehen.
Doch er sollte langsam gehen.

Hell sollen sie werden,
die nächsten Tage.
Sie sollen erlösen auf Erden
uns von des Winters Plage.

Winter ade, scheiden tut weh,
doch nicht, wenn ich den Frühling
seh.

Menschen

Menschen

Menschen gehen mir nicht aus
dem Sinn.
Sie sind immer, wo ich bin.
Menschen kann ich nur verstehen,
wenn sie mir in die Augen sehen.

Menschen fühlen echt und wahr,
wenn der Sternenhimmel klar.
Menschen gehen gerne fort.
Es hält sie nicht an einem Ort.

Menschen weinen Tränen,
ohne sich zu schämen.
Menschen sind oft glücklich,
meist nur augenblicklich.

Menschen sind wie ich und du,
niemals kommen sie zur Ruh.
Menschen werden Menschen blei-
ben
oder in den Wahnsinn treiben.

Du

Du liebst dein Leben, wie es ist,
auch wenn du nicht zufrieden bist.
Du magst das Hoch und Runter,
das Drüber und das Drunter.

Für viele bist du ein Chaot,
doch das bringt dich nicht aus dem
Lot.
Du hast noch so viel vor,
und schneller läuft die Uhr.

Du lebst dein Leben, wie es dir ge-
fällt.
Du lebst in deiner eignen Welt.
Das Einzige, was dir wichtig ist,
dass du ganz du selber bist.

Ein letzter Tanz

Verloren ganz
war ich bei unsrem letzten Tanz.
Dann trennten sich unsere Wege,
doch ich den Gedanken hege,
dass noch etwas kommen muss.
Es ist nicht Schluss.

Es darf nicht sein.
Die Welt ist klein.
Lass mich doch bitte nicht allein.

Ich werd dich zu nichts drängen.
Lass doch den Kopf nicht hängen.
Auch du möchtest nicht gehen.
Ich kann das gut verstehen.

Lass uns zusammenbleiben.
Der letzte Tanz wird Zukunft
schreiben.
Wir sind ein Paar,
das nie zuvor so glücklich war.

Das Gedicht habe ich geschrieben, als ich erfuhr, dass im Oktober 2014 ein neuer Roman meiner Lieblingsschriftstellerin Judith Lennox mit dem Titel „Ein letzter Tanz" erscheint. Nachdem ich ihn gelesen hatte, fand ich das Gedicht ganz passend.

In Memorian Willie Sutton

Ich warte immer noch auf dich.
Und wie sehr vermisst du mich?
Ich sitze hier, bin ganz allein,
will doch so gerne bei dir sein.

Viele Banken ausgeraubt,
nie an das große Glück geglaubt.
Im Gefängnis jahrelang,
doch es war mir selten bang.
Ausgegraben und geflüchtet,
doch mein Herz war längst vernich-
tet.

Viele Geschichten habe ich erzählt,
und oft den falschen Weg gewählt.
Ich kenne weder Lust noch Frust,
und doch bebt heimlich meine
Brust.
Nur kurz, und nicht für immer,
gab es ´nen Hoffnungsschimmer.

Wie einsam muss man sein,
um sich in den Mond zu verlieben,
die Welt ist endlos klein.
Ich wär gern ich geblieben.

*Dieses Gedicht habe ich nach der Lektüre
von J. R. Moehringer`s Roman „Knapp
am Herz vorbei" geschrieben. Ich habe das
Buch von meinen Kindern zum Muttertag
bekommen.*

Begegnung

Es geschieht nicht oft im Leben,
doch manchmal, da passiert es eben.

Du redest mit einem Menschen am
Telefon,
und du weißt, du kennst ihn schon.

Es wäre schön, wenn ihr dann in
Verbindung bleibt,
zumal es jemand ist, der so wie du,
auch schreibt.

Und dann wirst du ihn wirklich
kennnenlernen.
Wird es dich von ihm entfernen?

Ich weiß es nicht.
Ich sehe gern in sein Gesicht.
Ich freue mich auf unser Date.
Ich hoffe, ich komm nicht zu spät.

Für meine Mama

Auch, wenn du nicht mehr bist,
die Wahrheit ist,
Du bist immer für mich da,
manchmal bist Du mir ganz nah.

Du warst der erste Mensch, der einen Kuss mir gab,
und wenn ich steh an Deinem Grab,
dann denk ich dran, wie`s früher
war,
und es wird mir sonnenklar,
Du hast alles mir gegeben,
denn Du, Du gabst mir ja mein Leben.

Du hast mich beschützt auf meinen
Wegen.
Du gabst mir immer deinen Segen.
Später bist Du meine beste Freundin gewesen,
hast alles, was ich schrieb, gelesen.

Viel zu früh bist Du gegangen,
und ich hab so an Dir gehangen.
Jedes Jahr am Muttertag im Mai
bin ich bei Dir und ich bin frei
von allen meinen Sorgen,
die warten dann bis morgen.

Denn dann kommt mir wieder in
den Sinn,
dass ich selber Mutter bin.

Wintergedanken

Meist ging es um Tod,
selten nur ums Leben.
Ein Schein von Heiligkeit
hat ständig dich umgeben.

Und wenn die weißen Flocken
der Unschuld dich aus deiner Trauer
locken,
dann spürst du einen leisen Hauch.
Du lebst und fühlst es auch.

Der Tod, er steht für dich bereit
am Ende einer andren Zeit.

Endstation

Ertrunken in dem Meer der Zeit.
Verloren in der Dunkelheit.
Gescheitert an des Lebens Qual,
verbittert ohne jede Wahl.

Es ist vorbei, es wird im Leben
für ihn nie mehr Hoffnung geben.
Er hat die Grenze nicht erkannt.
Er hat den Bogen überspannt.

Er friert und ihm ist bange.
Eine Träne kullert über seine Wan-
ge.
Er kann jetzt nur noch hassen.
Er hat sich treiben lassen.

Doch nun ist es zu spät.
Der Wind hat sich gedreht.
Er war ja meistens sehr allein.
Doch nun wird er einsam sein.

Ahoj und auf Wiedersehen

Und wenn das letzte Licht ver-
schwindet,
und niemand einen Ausweg findet.
Dann wird es eine Lösung geben.
Und wie so oft regiert das Leben.

Es wird einen Weg uns zeigen,
und auch, wenn wir zu Trübsinn
neigen,
ein neuer Tag wird kommen,
doch es ward viel genommen.

Das Leben, es geht weiter,
mal traurig und mal heiter.
Wir sehen uns dann
vielleicht mal irgendwann…

Weltgeschehen

Die Welt von heute

Die Welt scheint aus den Fugen.
Es herrschen nicht die Klugen.
Die haben sich schon abgekehrt,
von einer Welt, die nichts mehr
wert.

So viele Herde brennen,
die Menschen sich nicht kennen.
Die Welt scheint still zu stehn,
und bald wird sie vergehn.

Wir leben hier und heute.
Es gibt Hass, und es gibt Freude.
Es gibt Leben, es gibt Tod.
Es gibt Hunger, es gibt Not.

Und es gibt uns, die auf dieser Erde
leben.
Lass uns nach etwas Bessrem stre-
ben
dem Leben eben…

Weltgedanken

Die Welt, sie hat auf Sand gebaut.
Terror, überall, wohin man schaut.
Was sind das für Menschen, die sich
anmaßen,
andre in den Tod zu rasen.

Welches Unrecht hat sie befohlen?
Jedes Recht bleibt hier gestohlen.
Und der Friede ist egal.
Viele Menschen leiden Qual.

So kann es nicht weiter gehen.
Ich möchte einen Lichtblick sehen
für diese Welt.
Wo ist der Stern, der sie erhellt?

Unsterblich

Dir die Seele aus dem Leib zu
schreiben,
das ist wie ewig online bleiben.
Du bist da, ganz nah,
obwohl dich niemals jemand sah.

Doch Facebook weiß ja, wo du bist,
obwohl`s nicht immer so gut ist.
Betrügst du grade deine Frau,
dann ist der Link wohl nicht so
schlau.

Du bist bis abends im Büro,
doch findet man dich nirgendwo.
Du willst kurz in den Urlaub fahren,
Facebook verrät dir gern,
wo deine Freunde waren.

Und willst du sterben, ganz allein,
Facebook wird immer bei dir sein.
Doch dann bist du abgeschrieben…

Vertrau auf jene, die dich lieben.
Vielleicht lässt dann ein kleines
Glück
´nen Schatten auch von dir zurück.

Nach der Flut

Ich trete leise aus dem Haus.
Die Welt sieht ganz verändert aus.
Die Sonne kitzelt meine Nase.
Die Vögel singen vor Extase.

Der Regen, er hat sich verzogen.
Er fühlt sich wohl etwas betrogen.
Er wollte doch noch länger bleiben.
Die Sonne sollt ihn nicht vertreiben.

Viel Schaden hat er angerichtet.
Die Fluten haben viel vernichtet.
Die Flüsse sind über die Ufer getre-
ten,
und wir können nur noch beten.

Für die Menschen, die da sind be-
troffen,
und wir können nur noch hoffen,
dass die Pegel weiter sinken
und dass bessre Zeiten winken.

Die Hoffnung stirbt zuletzt.
Wir haben nicht aufs falsche Pferd
gesetzt.
Irgendwann wird alles gut,
irgendwann verzieht sich auch die
letzte Flut.

Der Mensch herrscht wieder über
diese Welt.
Doch, ob ihr das so gut gefällt?
Die Erde wird sich rächen,
und alle Dämme werden brechen…

Böses Erwachen

Ich schließe meine Augen
und träum so vor mich hin.
Ich weiß ja nicht wie lange
ich hier auf Erden bin.

Ich träum von Blumenwiesen.
Ich sehe auch das Meer.
Vor mir erscheinen Berge,
wo ich so gerne wär.

Dann wach ich wieder auf
und seh die Tagesschau.
Ich muss ja ehrlich sagen,
ich werd daraus nicht schlau.

Sie reden da von Giftgas
und vom Vergeltungsschlag
Wie lang sind wir auf Erden?
Bleibt uns nur noch ein Tag?

Flucht

Und wenn die Nacht ganz einsam
schweigt,
wenn sich nur noch das Dunkel
zeigt.
Wenn alle Eulen sind verflogen,
wenn alles Licht hat sich verzogen.

Dann weißt du weder ein noch aus.
Dann hättest du gern ein Zuhaus.
Du fliehst vor dieser dunklen
Nacht.
Sie hat dich um den Verstand ge-
bracht.

Dein Ziel ist gar so weit,
zu schnell verrinnt die Zeit.
Irgendwann bist du dann ange-
kommen.
Wer hat dich in Empfang genom-
men?

Unbekannterweise

Für die Opfer des Flugzeugabsturzes am 25.03.2015 in den französischen Alpen

Ihre letzten Worte-
unsagbar.
Ihre letzten Gedanken-
undenkbar.
Ihre Träume-
ausgeträumt.

Das Flugzeug zerschellt in den Bergen.

Zurück bleibt die Erinnerung
an die Menschen, die sie einst gewesen,
lebendig und geliebt-
für immer.

Das Gedicht habe ich geschrieben, bevor die wahren Umstände des Flugzeugabsturzes bekannt wurden.

Letzte Novembergedanken

Wo führt das Alles hin?
Werde ich der sein, der ich jetzt bin?
Oder war ich längst vergessen.
Unsre Zeit ist knapp bemessen.

Wir sind in die Veränderung der
Welt hinein geboren.
Und wir haben viel verloren.
Wenn mich jemand nach meiner
Heimat fragt,
hätte Deutschland ich gesagt.

Wir haben Glück, dass ein Volk, das
zwei Nationen war,
dann doch wieder neu gebar.
Unser Leben, es ist unvorhersehbar.
So wie es schon immer war.

Und so wird es immer bleiben.
Ich möchte gern darüber schreiben.
Doch ich weiß nicht, was passiert,
wenn man alles hier verliert.

Nichts wird mehr wie früher sein,
Kerzenlicht im Mondenschein.

Edelweiß und Herzmuschel

Ankommen

Manchmal möchte ich allein sein
in meiner Einsamkeit.

Das Meer rauschen hören
am Horizont.

Die Stille spüren, die mich umgibt,
wenn alle Anderen gegangen sind.

Ich selbst sein,
wenn keiner mehr da ist.

Und dann Abtauchen
ins Nichts der Unendlichkeit.

Auf der Durcheise

Es war schon eine kurze Nacht.
Doch ich bin viel zu früh erwacht.
Hab tausend Sorgen mir gemacht.
Doch du hast mich nur ausgelacht.

Es war ein viel zu langer Tag.
Die Sonne schien heiß, und ich lag
am Strand so ohne Müh und Klag
mit dir, weil ich dich gerne mag.

Die Woche, sie verging zu schnell.
Und nachts war es so lange hell.
Am Tag, da schien die Sonne grell.
Nun ziehst du weiter, du Rebell.

Zuversicht

Vergessen die Tage der Zweisam-
keit,
zur Rückkehr ins Leben noch nicht
bereit.

Allein dem Glück hinterhergejagt,
im entscheidenden Moment kläglich
versagt.

Vorbei die Zeit fröhlicher Stunden,
den Weg zur Versöhnung nicht ge-
funden.

Am steilen Ufer unsanft gestrandet.
Aber wenigstens bist du gelandet.

Vor dir das Meer reicht bis zum
Horizont.
Allein deshalb das Leben lohnt.

Strandspiele

Hohe Wellen, Badeverbot,
mächtiger Wind, Gewitter droht.
Deprimiert sitzt er am Strand,
malt Herzen in den Ostseesand.
Regen peitscht ihm ins Gesicht,
eine Windhose naht, er sieht sie
nicht.
Und neben ihm, da schlägt sie ein.
Strandkörbe fliegen, er ist allein.
Eine Träne rollt ihm über die Wan-
ge.
Er hatte keine Angst, nun ist ihm
bange.
Er schaut aufs offene Meer hinaus,
alles sieht unverändert aus.
Am Strand ist`s still, die Sonne
scheint,
doch er ist traurig, und er weint...

Inselträume

Komm doch mit auf meine Insel,
aber vergiss nicht den Pinsel.
Wir können uns in der Sonne aalen.
Und du musst ein Bild mir malen.

Und ich hab einen Stift dabei,
verfalle schnell der Schreiberei.
Und dann bin ich hin und weg
mit drei Blöcken im Gepäck.

Ich such mir einen Platz am Strand.
Du hältst den Pinsel in der Hand.
Und stehst vor deiner Staffelei,
und ich, ich hab drei Wünsche frei.

Ich schreib den Roman,
so schnell ich kann.
Du zeichnest mir das Cover,
und nebenbei bist du mein Lover.

Und wenn die Sonne untergeht,
dann ist es für uns zwei zu spät.

Die Hochalm

Hier kann ich wirklich in mich
gehen,
hier kann ich die Berge sehen.
Ich seh nach oben, und ich seh hin-
ab ins Tal,
vergessen ist dann alle Qual.

Wieder zieht es mich hier hin,
wo ich schon einmal gewesen bin.
Die Hochalm, hier kann ich ent-
spannen
und draußen gießt es wie aus Kan-
nen.

Doch hier drinnen ich geschwind,
ein warmes Plätzchen am Ofen find.
Es ist gemütlich, es ist warm,
hier lieg ich gern in deinem Arm.

Wir sind hier für uns ganz allein
und schenken uns ein Gläschen
Lagrein ein.
Der Regen plätschert an die Fens-
terscheiben,
wir lieber in der Hütte bleiben.

Und trotzdem, hier in Südtirol,
da fühle ich mich immer wohl.
Und ich weiß, im Passeier Tal,
da war ich nicht zum letzten Mal.

Abschied vom Gebirge

Ich schau vom Berg, hinab ins Tal.
Ich weiß, es ist das letzte Mal.

Es wird dunkel, ich bin am Lau-
schen.
Gebannt hält mich des Windes Rau-
schen.
Ich komme wieder, das weiß ich
sehr genau,
und ist der Himmel wieder blau,
dann höre ich die Lieder von der
Alm her singen.
Sie werden Glück uns bringen.

Dann bin ich wieder hier,
am liebsten wohl mit dir…

Unruhe

Und wenn ich nicht mehr weiß
wohin,
dann weiß ich, dass ich bei dir bin.
Die Unruhe gestillt.
Die Welt ein neues Bild.

Ich wollte mal zur Ruhe kommen,
das hab ich mir fest vorgenommen.
Doch des Lebens hohe Leiter
treibt mich stets und ständig weiter.

Ich seh kein Ende, will`s nicht se-
hen,
denn es soll immer weiter gehen
das heißgeliebte Leben,
das Hoffen und das Streben.

Und ist es dann vorbei,
dann bin ich endlich frei.

Ich werde zurück sein

Wenn das Gewitter sich verzogen
hat.
Von den Bäumen fällt nun Blatt für
Blatt.
Der Herbst zeigt sich von seiner
kahlen Seite,
und so suche ich das Weite.

Fliehe in den Sommer bald zurück,
such auf Sardinien Sonnenglück.
Noch ist der Weg dahin sehr fern.
Ich folge gerne meinem Stern.

Er wird mich an den Strand schon
bringen.
Ein Wiedersehen wird gelingen.
Wir waren ja schon einmal da.
Ich hoff, du bist mir wieder nah.

Und wenn der Sommer ist vorbei,
dann wird es Herbst, und wir sind
frei.
Zurück in unsrer Alltagswelt,
die uns auch irgendwie gefällt.

Liebe

Liebe

Und wenn ich dieses Licht dann
sehe,
weiß ich, du bist in meiner Nähe.
Ich werd dir alles geben,
alles auch mein Leben.

Bleib bei mir, geh nicht fort.
Verharre hier an diesem Ort.
Ich weiß, ich bin zu spät gekommen
und unsre Zeit, sie ist verronnen.

Doch der Himmel leuchtet hell.
Ich vergess dich nicht so schnell.
Ich werde immer an dich denken
und dir meine Liebe schenken.

Verliebt bis ans Ende der Welt

Die Sonne schien in meinem Her-
zen,
und es brannten tausend Kerzen.
Ich wusste nicht, dass es das gibt.
Und doch, ich war ja nur verliebt.

Ich wusste weder aus noch ein,
und alle Wünsche wurden klein.
Und ich umarm die ganze Welt,
denn momentan bin ich ihr Held.

Doch diese Zeit, sie wird vergehen.
Ich werde dich nie wiedersehen.
Ich werde es niemals verstehen.
Ich kann nur um Vergebung flehen.

Denn du gingst fort
ohne ein Wort.

Liebe ist

Liebe ist,
wenn man sich küsst.
Liebe meint,
man ist vereint.

Liebe findet,
was verbindet.
Liebe bleibt,
wenn es uns weitertreibt.

Liebe geht,
wenn es zu spät.
Liebe lächelt dir zu.
Du findest niemals Ruh.

Liebe ist das Schönste in unserem
Leben.
Liebe pur will ich dir geben.
Liebe ist,
das, was man nie vergisst.

Wahre Liebe

Und wenn der leise Schrei ver-
stummt
in einer großen Menge.
Und wenn die Wahrheit unver-
mummt
verliert sich im Gedränge.
Und wenn die Angst ganz leicht
ihr erstes Ziel erreicht.
Und wenn die Erde bebt,
und keiner überlebt.
Dann weiß ich, ich war hier
in Liebe ganz bei dir.

Heimliche Liebe

Kein Ort für uns und nirgendwo,
überall lauert das Risiko.
Du willst mich wiedersehen.
Ich kann es gut verstehen.

Ich möchte bei dir sein.
Doch die Welt, sie ist so klein.
Wir müssen uns verstecken
hinter hohen Hecken.

Doch diese Heimlichtuerei,
ich wünschte, sie wär bald vorbei.
Ich möchte mich zu dir bekennen.
Ich hör doch, wie sie unsre Namen
nennen.

Aber du willst unser Glück nicht
offenbaren.
Du witterst überall Gefahren.
Es wär für dich nicht angenehm.
Du hast damit halt ein Problem.

Doch ich leg jetzt die Karten offen.
Worauf soll ich am Ende hoffen?
Ich glaube wohl, ich brech mein
Wort.
Wir treffen uns am selben Ort.

Ein letztes Mal,
und dann beenden wir die Qual.
Weil es nichts Schönres gibt,
als wenn man wirklich offen liebt.

Ich werde dich verlassen,
und du, du wirst mich hassen.
Doch du hattest deine Chance.
Ab jetzt geh ich nur noch aufs Gan-
ze.

Neue Liebe, neues Glück.
Vergangenheit, sie bleibt zurück.
Und doch, ich habe dich gekannt
und einen Stern nach dir benannt.

Sternenhimmel-sonnenklar

Rote Rosen stehn in meinem
Zimmer,
und ich liebe dich noch immer.
Kann nicht vergessen dieses Glück,
doch es liegt so weit zurück.

Wir hatten uns, wir hatten die ganze
Welt.
Die Liebe war vorausbestellt.
Doch irgendwann war sie vorbei.
Wir trennten uns und waren frei.

Die Freiheit hat uns nichts gebracht.
Wir haben nur an uns gedacht.
Es fällt mir schwer, den ersten
Schritt zu machen.
Ich möchte wieder mit dir lachen.

Du sollst mich in deine Arme neh-
men
und dich dabei gar nicht schämen.
Es soll so sein, wie es mal war.
Sternenhimmel-sonnenklar.

Vorausblick

Komm her zu mir,
ich sage dir,
der Regen fällt
und grau ist diese Welt.

Doch das ist mir egal.
Wir haben ja die Wahl.
Die Sonne scheint ja morgen,
vertreibt all unsre Sorgen.

Ich möchte dir gern alles geben.
Alles, was ich hab, am Ende auch
mein Leben.
Lass uns den Weg gemeinsam ge-
hen.
Dann werden wir die Zukunft se-
hen.

Romanze

Wieder geht ein Tag zur Neige,
und er hat dir nichts gebracht.
Doch, auch, wenn ich am Abend
schweige,
halten tausend Englein Wacht.

Wenn ich einen Weg dir zeige
durch die kalte, dunkle Nacht.
Hörst du fern die zarte Geige?
Jemand hat an dich gedacht.

Und ich glaub, du musst es wagen,
lass dich auf sein Spielen ein.
Und hast du auch tausend Fragen,
darin wird die Antwort sein.

Nein, du sollst dich nicht beklagen,
diese Klänge sind so rein.
Und ich würde dir gern sagen,
nun bist du für immer mein.

Verloren

Im Dämmerlicht, am Son-
nenstrand,
wo ich so viele Muscheln fand.
Da habe ich an dich gedacht.
Ich hab so vieles falsch gemacht.

Doch das ist letztlich auch egal.
Es ist vorbei. Es war einmal.
Ich möchte alles gern verschweigen.
Ich möchte keine Schwäche zeigen.

Ich wünsche dir ein neues Glück.
Ich hoff so sehr, du kommst zurück.

Doch du, du bleibst mir sicher fern.
Du lebst auf einem andern Stern.
Und doch, wir hatten uns mal gern.

Wir hatten uns unendlich lieb,
bis es uns auseinander trieb.

A sky full of stars

(Coldplay/Avici)

Ein Himmel voller Sterne,
die grüßen aus der Ferne.
Doch ich bin nah bei dir.
Ich lieb dich jetzt und hier.

Ich werd dich immer lieben,
hab dir so viel geschrieben.
Du konntest es nicht lesen,
bist nie mehr hier gewesen.

Ich habe einen Traum,
und ich glaube kaum,
dass er in Erfüllung geht,
denn meist ist es zu spät.

Ciao

Ich warte hier.
Gewehr bei Fuß.
Ich weiß, dass was geschehen muss.
Zu lange hast du nichts gesagt.
Ich hab mich sehr weit raus gewagt.

Und nun sitz ich hier ganz allein.
Ich würde lieber bei dir sein.
Doch du bist so unendlich fern.
Ich weiß, ich hatte dich mal gern.

Vor langer Zeit
und meilenweit.

Todesreigen

Das Licht des Lebens

Hab keine Angst und weine nicht.
Und wenn dir heut dein Herz auch
bricht,
das wird es öfter geben
in deinem Leben.

Du denkst, die Welt geht unter.
Doch es geschehen Wunder.
Irgendwann wirst du verstehen,
die Welt, sie wird sich weiter dre-
hen.

Und du stehst mittendrin.
Das Leben, es macht Sinn.
Und wenn du ihn dann nicht mehr
siehst,
du bald verloren bist.

Doch die Hoffnung stirbt zuletzt.
Du lebst hier und jetzt.
Mach das Beste draus,
dein Licht geht von alleine aus.

Ungewissheit

Und wenn ich warte
am anderen Ende vom Horizont.
Dann muss ich wissen, dass es sich
lohnt.
Sonst friste ich mein Dasein weiter.
Bin manchmal traurig, manchmal
heiter.
Und niemand weiß, wie es mir geht,
weil alles in den Sternen steht.

Spannungen

Ich warte schon so viele Tage.
Worauf, das ist die große Frage.
Dass mal irgendwas passiert,
dass das Leben spannend wird.

Und doch will ich es ja nicht wagen.
Veränderung lässt mich verzagen.
Was erwarte ich vom Leben?
Niemand kann mir Antwort geben.

Die Zeit ja viel zu schnell verrinnt.
Ach, wie schön war`s doch als
Kind.
Du hattest alle Wünsche offen.
Jetzt kannst du nur auf Gnade hof-
fen.

Wieviel Zeit wird dir noch bleiben?
Kannst du noch Memoiren schrei-
ben?
Oder bist du plötzlich weg vom
Fenster
wie die Halloween-Gespenster?

Verlier dich nicht in Zeit und Ort,
schau auf die Uhr und geh nicht
fort.
Weil dort, wo du gerade bist,
dein Leben wirklich spannend ist.

Alltag

Jeden Morgen wach ich auf,
und der Tag nimmt seinen Lauf.
Es wird Kaffee angesetzt
und dann ins Büro gehetzt.

Berge von Arbeit sind dort aufgetan.
Ich komm nur schwer dagegen an.
Nach acht Stunden Büroarbeit
hab ich dann für den Haushalt Zeit.

Es wird gekocht, gewaschen und
gebügelt,
und mancher Plan auch ausgeklü-
gelt.
Genieß den Alltag und all die Sa-
chen,
die sich nicht von alleine machen.

Denn eines Tages wachst du nicht
mehr auf.
Der Alltag, der nimmt seinen Lauf.
Auch, wenn du nicht mehr bist.
Ob jemand dich vermisst?

Illusion

Ich bleib bei dir,
wenn auch nicht hier auf dieser Er-
de,
weil ich zu Staub verfallen werde.
Und da ich nicht unsterblich bin,
hat mein Leben keinen Sinn.

Und deshalb werd ich es beenden
an fernen Stränden.
Gestrandet bin ich allzu oft,
und immer habe ich gehofft,
auf das Glück und auf die Liebe,
und dass es ewig dabei bliebe.

Doch es waren nichts als Lügen.
Ich will mich nicht noch selbst be-
trügen.
Mein Leben, es haucht aus,
und ich, ich komm nach Haus,
wo alles friedlich ist
und wo man Hass vergisst.

In meiner neuen Welt
bist du vielleicht ein Held.

Kerze im Dunkeln

Und wenn die Sonne dann ver-
sinkt,
wenn nichts mehr hier die Hoff-
nung bringt.
Die Nacht fällt plötzlich dann her-
ein,
und ich will nur alleine sein.

Der Stich ins Herz
ist purer Schmerz.

Fernab von all den Dingen,
die wir nie zu Ende bringen.
Weil nichts zu Ende geht,
die Welt sich ewig dreht
auf eingefahrnem Gleise
träum ich auf meine Weise,
es wäre doch nicht so.
Und dann, dann wär ich froh.

Für immer
beim lichten Kerzenschimmer.

Fazit

Ich träumte oft vom großen Sieg.
Doch nie gewann ich einen Krieg.
Ich habe mich nie gern gestritten
und immer sehr dabei gelitten.

Ich bin ein Mensch, der Frieden
will.
Ich liebe Ruhe, werde still,
wenn andre sitzen in der Runde
und lauter wird`s zu später Stunde.

An Gerechtigkeit hab ich geglaubt.
Mein Gehirn ist nun verstaubt.
Ewig hab ich nur verloren.
Wär ich doch niemals geboren.

Mein Leben geht den Bach hinun-
ter,
und ich gehe mit ihm unter.
Meine Zeit, sie ist vorbei.
Und nun bin ich endlich frei.

Und dennoch bleibe ich auf dieser
Welt,
so lang es mir gefällt.

Inkognito

Und am Ende aller Tage
bleibt mir nur die eine Frage:
Hat mein Leben sich gelohnt
oder hab ich mich geschont
für eine bessere Zeit danach,
auch wenn mein Herz beizeiten
brach.
Ich hab versucht, mit allem klar zu
kommen.
Und manchmal wurde mir der Mut
genommen.
Doch am Ende blieb ich, wie ich
bin.
Die Zeit geht viel zu schnell dahin.
Und irgendwann ist es vorbei.
Vielleicht bin ich dann wieder frei
von all den Dingen,
die mich in Versuchung bringen,
alles aufzugeben,
am Ende auch mein Leben.

Schwarzer Montag

Und wenn du glaubst, dass die
Welt in Ordnung ist,
dann weißt du, dass du auf dem
Holzweg bist.
Dann plötzlich, da passiert etwas,
und das raubt dir allen Spaß.

Du zweifelst an dir selbst und je-
dem.
Du bist ganz jenseits, weg von
Eden.
Und deine Welt zusammenbricht.
Siehst du jemals wieder Licht?

Die letzte Freiheit

Und auf ganz wundersame Weise
begab ich mich auf eine letzte Reise.
Ich hatte das Gefühl,
es gibt nichts mehr, was ich noch
will.

Hab alles ausgelebt
und nicht nach mehr gestrebt.

Das Leben ist vorbei,
es ist mir einerlei
was einst gewesen.
Ich hab gelesen,
wenn alles ist vorbei,
dann bist du endlich frei.

So lange ich lebe

Und wenn ich später zurückbli-
cken werde
in jenen Abgrund,
erst dann wird mir bewusst
wie tief er ist.
Ich habe keine Angst mehr,
denn es ist vorbei.
Es kann nur noch aufwärts gehen.
Zur Sonne, zum Licht…
Die Hoffnung stirbt zuletzt.
Und die werde ich nicht aufgeben.
So lange ich lebe.

Leb wohl

Mein Leben, es war ein Gedicht,
aber es hat sich nicht immer ge-
reimt.
Jetzt folge ich dem dunklen Licht
und bin bald mit dem Tod vereint.

Tausende Verse habe ich geschrie-
ben.
Ich war glücklich, ich durfte lieben.
Ich hatte eine Familie an meiner
Seite,
und dennoch suchte ich das Weite.

Denn unser Glück, es ist ein Glück
auf Zeit
in diesem Leben, das gedeiht
und doch zum Untergang geweiht.

Abgesang

Es wird eine Zeit bald kommen,
da ist das Leben mir genommen.
Nichts wird so sein, wie es mal war.
Und trotzdem scheint die Sonne
klar.

Der Himmel weint nicht,
weil ich bin gegangen.
Und ist er auch wolkenverhangen,
es strahlt doch Licht.

Ich bin nicht mehr, werd nie mehr
sein,
und doch bin ich dann nicht allein.
Und ich dank euch allen,
mein Leben, es hat mir gefallen.

Es weint mein Herz.
Ich gehe, weil ich gehen muss.
Ich geb euch einen letzten Kuss
und fühle nur noch Schmerz.

Und doch ich bei euch bleibe,
weil ich schreibe.
Und wenn ich tot dann bin,
erkennt ihr meines Lebens Sinn.

Denn das Leben schreibt die
schönsten Geschichten-
mitnichten…

Vita

Ich heiße Ingrid Hartung und wurde am
06.08.1963 in Leipzig geboren. Mit dem
Schreiben begann ich schon in meiner
frühen Jugend.
Nach meinem Pädagogikstudium arbeitete
ich einige Jahre als Lehrerin, qualifizierte
mich dann jedoch zur Betriebswirtin und
Bilanzbuchhalterin weiter. Ich bin verhei-
ratet. Wir haben einen Sohn und eine
Tochter, 1987 und 1991 geboren.
Aus beruflichen Gründen siedelte unsere
Familie im Dezember 2001 von Sachsen
nach Steinhöring, nahe München, über.
Als wir uns in Bayern eingelebt hatten,
widmete ich mich wieder verstärkt der
literarischen Tätigkeit.
Im April 2012 erschien mein erstes Buch,
der Gedichtband "Smolensk- wie ein Blatt
im Wind" und 2013 das Gemeinschafts-
werk aus dem Garten der Poesie „Gefühle
im Wandel der Jahreszeiten."
Derzeitig arbeite ich an dem Roman
"Glück auf Zeit".

(c) Ingrid Hartung

Danksagung

Ich danke meinem Mann für die Coverfotos und seine Geduld mit mir und meiner Schreiberei sowie Bernd Rosarius für seine großartige Unterstützung.